Cris Hernández

Sistema CLICK

Cris Hernández

Sistema CLICK

Manual para transformar tu mundo

JustFiction Edition

Cover image: www.ingimage.com

Publisher:
JustFiction! Edition
is a trademark of
Dodo Books Indian Ocean Ltd., member of the OmniScriptum S.R.L Publishing group
str. A.Russo 15, of. 61, Chisinau-2068, Republic of Moldova Europe
Printed at: see last page
ISBN: 978-620-3-57801-0

Sistema CLICK
manual para transformar tu mundo

por

Cris Hernández

En una de las peores crisis de mi vida, llegó información la cual aplique en mí una y otra vez comprobando resultados positivos. Lo que hizo por mí el sistema y lo que puede hacer por ti va más allá de lo que puedas imaginar. Una vez que abrí mi corazón y mi mente comenzó a llegar más información a mi vida para seguir creciendo y aprendiendo, ya será tu decisión si continúas el camino que llegará al iniciar tú trabajo interno. Yo solía ir navegando ante la vida sin sentido, sobreviviendo, no viviendo, solo me dejaba llevar por la inercia de la vida pensando que era feliz. Consciencia, acción a la información, auto análisis y paciencia, formó este sistema de acompañamiento para la transformación interna y externa, de cualquier persona que siga las instrucciones.

No importa el punto en el que te encuentres, el dolor, angustia, preocupación, ansiedad, todas estas emociones bajas, son y existen, no se trata de comparar quien ha sufrido más o menos.

Los ejercicios y conceptos que comparto en este libro, me ayudaron a una transformación increíble por dentro y por fuera. Cuando pedimos respuestas a la vida llegan de la forma menos esperada, puede ser a través de un audio, un libro, frase en algún anuncio, una canción, curso, meditación, etc. En mi caso fue a través de una frase, y a partir de ahí solo fue cuestión de estar más presente en el aquí y el ahora , para darme cuenta de toda la información que recibimos como respuestas a una guía que va más allá de nuestros ojos, hoy comprendo que a lo largo de mi vida han llegado, y siguen llegando, personas y situaciones que han ayudado a mi crecimiento, por lo que agradezco a todos los que me han mostrado lo que hay en mi interior, para transformar mi ser, sin su presencia en mi vida, no habría podido lograrlo.

Mi motor para certificarme como coach, fue el tener tanta información de valor en mis manos, ejercicios practicados y comprobados, que, para mí, era importante saber cómo canalizarla y entregarla de una forma adecuada a las demás personas.

TU MUNDO INTERIOR CREA TU MUNDO EXTERIOR

Cuando leí esta frase del Gran autor T. Harv Eker Los Secretos de la Mente Millonaria, me encontraba en crisis personal, tenía poco tiempo que mi vida dio un giro de 360 grados, perder absolutamente todo lo que conocía como mí universo.

Fue una temporada fuerte para mí, no tener a mis niños cerca y sentirme desconectada de todo, sin embargo, hoy, puedo voltear, y darme cuenta de que fue un proceso de sanación, aprendizaje y cambio para crecer. Comencé a leer, escuchar audios, y entre las lecturas fue que resonó por días la frase "TU MUNDO INTERIOR CREA TU MUNDO EXTERIOR" repitiéndome una y otra vez esta frase, pensando, si esto es cierto ¿Qué podría tener en mi interior para crear lo que estaba viviendo? Hacer una pausa para mi autoconocimiento hizo por completo la diferencia, entender las leyes universales y aplicarlas en mi vida.

Si el día de hoy quieres respuestas a como tener un cambio en tu vida, porque no entiendes por qué estás viviendo alguna situación en particular, si despiertas sin darle un sentido a tu vida, si caíste en un patrón o en una rutina que no te está llevando a ningún lado, si te sientes solo, si sientes angustia todos los días, si has perdido una conexión con tu divinidad, si internamente sientes ganas de gritar y mover esta energía interna que te lleva a reaccionar de forma negativa con las personas, si sientes que hablas de una forma positiva y quieres dar lo mejor de ti y sin embargo no avanzas y terminas en un estado de frustración, enojo, desesperación y tristeza, si sientes que el mundo se te viene encima y nadie puede entender tu dolor, si llegan consejos pero no sabes cómo aplicarlos y realmente sentirlos, esa respuesta que estás buscando está en Ti, y CLICK es una guía para descubrir cómo hacer esta transformación.

Lo decidí llamar sistema CLICK ya que para mí fue entender de donde habían salido tantas situaciones que yo estaba viviendo, CLICK es como la frase me "cayó el 20 "es cuando te hacen sentido las cosas, hay un refrán que me gusta el cual dice "si tienes un problema hay que cortarlo de raíz" y es lo que hace el sistema, te lleva de la mano para que paso a paso comprendas de donde viene lo que estas proyectando en tu vida (crisis, malas relaciones, conflictos, temas de salud, enojos, frustraciones, carencias, etc.)

Imagina tener las herramientas para que con tu trabajo personal puedas ir logrando cambios y ser feliz en el proceso. De todo lo que comparto en este manual puedes encontrar mucha información en internet, las leyes universales, meditaciones, frecuencias del ser humano, etc. Yo te comparto mi propia perspectiva de la información, y los ejercicios que apliqué obteniendo resultados extraordinarios.

Hoy mi vida tiene cambios continuos positivos en diferentes áreas, estoy con un hombre increíble en una relación basada en el amor, complemento, crecimiento y respeto, él me ha enseñado desde su propia experiencia el valor que tiene hacer las cosas bien desde el principio para formar raíces fuertes y a dar lo mejor de ti en todas las cosas que hagas, así que siguiendo estos principios te entrego esta llave que abre las puertas a tu nueva vida.

Cris Hernández

INDICE

CONCEPTOS IMPORTANTES

Antes de iniciar, te voy a compartir conceptos importantes que veremos en el libro, en los primeros capítulos estos conceptos serán explicados a detalle.

Hablando en primera persona, solía ser algo impaciente, quería tomar atajos y llegar al ejercicio, a la respuesta, entraba un poco de mi soberbia diciéndome a mí misma que eso ya lo entendía, que ya lo sabía, sin embargo, la realidad es que si es algo que sabes entonces ya lo tendrías, ya habría un cambio reflejado en tu mundo.

Entendiendo este punto, te sugiero no saltarte capítulos, experimenta en ti, entiende el valor que agregas a tu día al aplicar la teoría, no solo lo leas, siéntelo, investiga, usa lo aprendido a tu favor, ten curiosidad.

1. Modo Avión: Se presenta cuando ya tienes una rutina o acción establecida y no requiere de tus 5 sentidos para realizarla.

2. Frecuencias: Son los cambios de estados emocionales del hombre

Frecuencia alta: amor, paz, felicidad, etc.

Frecuencia baja: enojo, odio, frustración, miedo.

3. Polo positivo y negativo: son los dos extremos de la materia, luz y sombra, es la energía que emite una persona o situación de una forma satisfactoria o no. **Polarizar** alguna situación es irte completamente hacia alguno de los polos

4. Mente Subconsciente: el subconsciente hace referencia a aquello que se encuentra por debajo del umbral de la conciencia, esa parte racional, lógica y analítica del intelecto. Ese estado de consciencia recibe constantemente todo tipo de información a través de los cinco sentidos, para después analizarla y actuar en consecuencia. el subconsciente se encarga de todas aquellas acciones que no somos capaces de percibir en primera instancia. Es decir, es el responsable de acumular datos en nuestra memoria, de ejecutar esos hábitos automáticos ya interiorizados o de cumplir con las funciones del cuerpo que se escapan de nuestro control, como la respiración, la digestión o la circulación. La mente subconsciente actúa como un equipo que no se deja influenciar por agentes externos, simplemente cumple con su cometido.

5. Darle cuerda al pensamiento: es aumentar ideas a una idea inicial y hacerla más grande.

6. Decreto: proviene del latín decretum que significa sentencia, decisión u orden oficial. Para fines del manual, es una frase emitida por tu Yo interno dando sentido a un poder o fuerza superior.

7. Consciente: es quien piensa, siente y actúa con conocimiento de lo que hace

8. CPU: es Tu código personal único, todo lo que tienes guardado en Tu subconsciente, se forma con creencias, lealtades familiares, heridas, pueden ser experiencias o situaciones positivas o negativas.

Capítulo 1

Mente

Existen estudios en los que se habla de la cantidad de pensamientos que la mente humana genera al día, a mí me impresionó la cifra (60,000) y más por considerarme una persona extremadamente mental, no quería ni pensar en mi caso cual sería el resultado de la cantidad de pensamientos generados en mí día.

Esto es normal, es la función que tiene la mente, pedirle que se calle es como pedirle al corazón que deje de latir, sin embargo, con la práctica y con algunos ejercicios que te voy a compartir, puedes ir aumentando los periodos de enfoque en tu presente en la actividad que estas accionando y no caer en lo que yo llamo "modo avión". Incluso te va a servir para la meditación dándole un descanso a tu mente conectando con tu ser.

Modo Avión

Es cuando tu mente y cuerpo ya reconoce como hacer diferentes funciones sin tener que usar un enfoque que requiera de tus 5 sentidos, puede ser una rutina establecida, o acciones como bañarnos, comer, cocinar, etc. Tu mente se va a otro lado con pensamientos que no tienen nada que ver con la actividad que estas realizando, esto lo puedes comprobar en tu día, incluso notar que si tus pensamientos están en una ***frecuencia** negativa y te encuentras con más personas, puedes contagiar esta energía, terminando tu momento de malas, enojad@ al igual que los demás, el estar con una actitud positiva ante cualquier situación hace la diferencia y para eso requieres estar más en tu presente al igual que preguntarte de donde viene esta emoción y así con el tiempo en futuras situaciones evitar que alguna persona externa mueva tu frecuencia a emociones bajas, esto lo vas a aprender al final del manual y con la práctica en tu día a día. En algunas ocasiones no es al 100, es decir, tenemos conexiones de forma intermitente, como si te conectaras y desconectaras de la corriente de luz.

Esto sucede ya que eres capaz de hacer diferentes funciones a la vez, y piensas que estás haciendo una revisión de los pendientes en lugar de estar en el aquí y en el ahora.

Ejemplos de modo avión:

1) Vas camino a dejar a tus hij@s en la escuela, tu mente se va con los pendientes que tienes más tarde en la oficina o en casa, comienzas con preocupaciones, frustraciones, explotas en gritos y enojo si un coche no te da el paso, si a tu hij@ se le ocurre darte una noticia como que reprobó el examen, reaccionas de forma negativa y le terminas gritando también.

2) Es la hora de la comida, tiempo que decidiste dar a tu familia, platicar con ellos y disfrutar de los alimentos, decides ver tus mensajes, entonces tu mente se va, no está presente, y ya sean noticias buenas o malas, simplemente no estás en el aquí y en el ahora.

3) Estas viendo una película con tu espos@, recuerdas que en la tarde te comentaron en el trabajo que habría recorte de personal, de ahí tu mente se va a la preocupación, luego cambiamos nuestro estado de ánimo y actitud por una situación que no existe, es decir aún no te corren, te estas adelantando. Puede ser cualquier pensamiento, incluso no cambiar tu estado de ánimo, el punto es que estás pensando en otra cosa completamente diferente a tu actividad, puede ser que solo te desconectes por 5 minutos y regreses a tu actividad, y así constantemente todo tu día.

¿Te ha pasado que al terminar tu día estas muy cansad@ y tienes muchos pendientes más por hacer?

¿Sientes que no avanzaste pendientes y llega un sentimiento de frustración? Esto es por querer hacer todo y nada a la vez. Estás saturando Tu mente.

A continuación, te comparto una tabla en donde puedes hacer de forma consciente en que actividades frecuentemente estas en Modo Avión, dejo espacios en blanco para que puedas escribir alguna otra actividad de tu día en la que sueles integrar pensamientos que son ajenos a la actividad realizada.

	1. Cuando cocinas	8.	
	2.Cuando ves una película	9.	
	3. Cuando lees un libro	10.	
	4.Cuando conduces	11.	
	5. Cuando estas en una junta	12.	
	6. Cuando tomas algún curso	13.	
	7. Cuando comes	14.	

Pensamientos

Pensamiento Presente:

Vivir en el presente es importante para que puedas tener una mejor retentiva de conocimientos nuevos, te ayuda a tomar acción, cambiar hábitos, a detectar heridas guardadas, creencias, hacer pausas para el autoconocimiento, aprender cómo ponerles fin a pensamientos de auto sabotaje, vas a mejorar tu enfoque, vas a disfrutar y valorar las cosas, hacerte consciente de todo lo que vives día a día.

Uno de los problemas de no vivir en el presente es que la mayoría de nuestros pensamientos nos llevan al pasado o al futuro, por lo general, de una forma negativa o en una frecuencia baja.

Pensamiento pasado:

Cuando llega un pensamiento externo a tu presente del pasado, es en la lamentación, vienen acompañados de frases como:

- "Si hubiera hecho esto diferente"
- "Si tan solo pudiera regresar el pasado, cambiaria esta situación"
- "Si esta persona no se hubiera portado así, las cosas serían diferentes"

Cuando algo en tu presente te recuerda a la persona o evento, con una canción, película, imagen, incluso algún olor, es un pensamiento no provocado de forma intencional, ahí la clave es simplemente sentirlo y dejarlo ir, no engancharte, sin embargo, hay momentos en los que tenemos periodos de paz y creas el pensamiento de dolor, esto te lleva a traer más de lo mismo a tu vida.

El subconsciente no reconoce el tiempo, realiza un experimento, cierra los ojos, recuerda algún suceso triste en tu vida, trata de visualizar lo que llevabas puesto, con que personas estabas y lo que sentiste, tus emociones se presentan en tu presente incluso puedes llegar a sentir tristeza y llorar o enojarte y ponerte de malas nuevamente si tu herida no ha sanado, cambiando tu energía a frecuencias bajas.

Ejemplo en relaciones de pareja:

Viviste una infidelidad por parte de tu pareja, decidiste permanecer en la relación, están viendo juntos una película y notas que está mandando mensajes, tu mente se va al recuerdo doloroso, comienzas a hacer deducciones y a suponer cosas, explotas en enojo y el momento juntos termina siendo un desastre.

Ejemplo en el área financiera:

Estas revisando cuentas, estas próximas vacaciones no podrán salir a ningún lugar, comienzas a sentir frustración, enojo, ansiedad, cómo darle la noticia a tu familia, que van a decir de mí, si tan sólo hubiera firmado ese pedido, todo estaría mejor, no tendría problema alguno para los pagos de este mes, podría cubrir todo sin problema.

Ejemplo en el área de salud:

Te detectan algún tipo de enfermedad, y tu mente se encuentra en la lamentación por no haberte cuidado, tomado vitaminas, alimentarte bien, etc.

Puedo continuar con muchos ejemplos y todos nos llevan a un estado de VICTIMISMO Y QUEJA, es una, pérdida de tiempo y energía, esto se relaciona con tus apegos y la falta de práctica para soltar aquellos recuerdos que te duelen, esto es como ver una película triste, llorar, sentir dolor y querer regresar una y otra vez a la mima escena. Uno de los ejemplos que me gusta dar para generar consciencia de estos pensamientos es el siguiente:

Si tu sostienes una pluma con todas tus fuerzas, por una hora, duele, por una semana, creas deformaciones, por un mes, por un año, dos, tres años, imagina el dolor que esto estaría produciendo en tu mano, dedos, piel, articulaciones, si tú estás viendo esta escena, ¿qué es lo que le dirías a esta persona para que le deje de doler la mano? Exacto. ¡SUELTA! ¡LIBERA!

Si se trata de pensamientos pasados, que sean para que en tu rostro se dibuje una sonrisa al recordar buenos momentos, si tuviste una mala experiencia te ayuden a saber qué es lo que no se hace, tomarlo como un aprendizaje para continuar tu camino y hacerlo cada vez mejor, de nada sirve lamentarte con algo que no puedes cambiar, estos pensamientos son para hacer consciente tus acciones pasadas y aprender de ellas, en cuanto analizas, sigues adelante, no te estanques en ninguna de las dos opciones, recuerda que el objetivo es vivir el presente con el mayor enfoque.

El pensamiento del pasado en autoanálisis te va a ayudar a recordar el momento en el que adoptaste ciertas creencias, el punto en el que entró en tu ser alguna herida, creencia, vivencia del pasado que te lastimó, hay una gran diferencia entre pensar, lamentar y estancarte a pensar, entender, sanar, soltar y cambiar.

Pensamiento del futuro:

Estar en un pensamiento basado en el futuro desde frecuencias bajas te lleva a generar ansiedad, estrés, depresión, se activan tus miedos y de la misma forma detienes el crecimiento, recuerda que la mente es creadora y poderosa, piensa en lo siguiente, un arquitecto primero piensa en el edificio antes de verlo realizado, ¿Cuántas veces se ha manifestado algún pensamiento negativo? ¿Coincidencias?

Cuida tus pensamientos, podrías convertirte en profeta, lo que crees creas, y esto inicia en la mente.

Te comparto ejemplos

En relaciones:

Esto no va a funcionar, seguro no me está contestando el mensaje porque esta con otra mujer, o con otro hombre, no le importo, si digo esto seguro se va a enojar, y si llega otra persona mejor que yo….

En economía:

Y si no funciona, como voy a pagar todas las deudas, como voy a mantener a mis hijos, esposa, padres, como voy a sostener una economía estable, y si me cancelan el contrato, y si me despiden, no voy a tener para cubrir los gastos….

En salud:

Y si me enfermo, tengo un dolor seguro es algo malo, de algo me tengo que morir, en mi familia todos han muerto de…… seguro yo también moriré de eso…….

El pensamiento en el futuro te sugiero sea para hacer mapas mentales planear la dirección que vas a tomar para llegar a un lugar, programación de tu agenda, ordenar tu mente, suelta la predicción negativa y acciona.

Ejercicios

¿Te das cuenta como sueles entrar en un estado de ansiedad y estrés cuando ni siquiera han pasado las cosas?

Ya consciente de que haces actividades con pensamientos completamente diferentes a tu actividad del momento, y de los beneficios que vas a tener si inicias la práctica de estar presente en cada actividad dando tu mejor enfoque y consciencia de tus actos con tus cinco sentidos, te voy a compartir tres ejercicios que te van a ayudar a estar cada vez más en el presente. Recuerda que todo es paciencia y práctica no te desesperes es poco a poco el cambio.

1. No le des cuerda al pensamiento

Cuando llegue a tu mente una idea, pensamiento que no tenga nada que ver con tu actividad presente, frena, no sigas creando pensamientos que aumenten esa idea.

A continuación, te doy algunos ejemplos para que quede más claro:

-llega a tu mente un pensamiento mientras estás en una conferencia: no sabes que vas a comer, en ese momento ¡lo frenas¡, darle cuerda, es seguir alimentando esa idea o pensamiento, ¿de qué tengo antojo?, ¿qué restaurante me queda cerca de la oficina por los pendientes que tengo más tarde?, etc.

- Hoy solemos tener distractores como el celular, te recomiendo dejarlo a un lado y enfocarte en lo que haces en tu presente, da el espacio, tiempo, y enfoque que merece la actividad que estas realizando, pon el celular en modo avión cuando estés enfocado en alguna actividad, conferencia, veas una película con tus hijos, estés en una cena con tu pareja, recuerda algo, no siempre existieron los celulares y sobrevivimos.

Puedes mandar un mensaje a las personas más importantes que pienses se pueden preocupar si no contestas, si ocurre algo pues ya te enterarás. Esto es como el pensamiento, es decir, te llega un mensaje y tu mente comienza a llenarse de ideas, empezando por:

"Solo veo rápido si no es algo importante y ya lo guardo"

El problema es que no solo ves un mensaje, ves el siguiente y cuando menos lo esperas ya estas contestando 2 o 3 pendientes y hasta reenviando memes, no caigas en la tentación y mejor déjalo en modo avión.

2. Decreto afirmativo

"Yo decido estar presente aquí y ahora"

Después de enunciar el decreto en tu mente, regresa a tu actividad. No sigas pensando en más ideas que alimenten el pensamiento o la idea que llegó a tu mente.

Al principio vas a repetir el decreto muchas veces, sin embargo, con la práctica, va a disminuir y vas a notar los cambios de estar en el presente.

3. Respiración consciente:

Este ejercicio también es excelente para cambio de hábitos, y vivir el presente, hacer la respiración consciente es saber que el aire que respiras, es el aire de del aquí y del ahora, no del pasado ni del futuro, así que si llega algún pensamiento solo respira haciendo consciencia y enfoque en lo que estás haciendo en tu presente.

Subconsciente

Este es Tu gran almacén, en donde están guardados todos los archivos, creencias, heridas, la interpretación de las cosas. Lo increíble es que cuando detectas una herida, creencia o algo que ya no te está funcionando en tu presente, es posible transformarlo y liberarlo.

Tus acciones, reacciones e interpretaciones vienen del subconsciente, de Tu archivo principal, este genera alertas cuando se presenta alguna situación que en su momento se registró como herida, Tu subconsciente lo que intenta hacer es protegerte, en tu vida actual se pueden estar presentando alertas que hoy ya no te dejan avanzar.

Existen muchos ejemplos de lo que integras en Tu subconsciente sin darte cuenta a lo largo de Tu crecimiento, dejas entrar estos archivos, ya que eras muy pequeño para comprender, no tenías el conocimiento, a esta experiencia de vida vienes a aprender, sanar, disfrutar y la única forma es a través de estas heridas, sistemas y patrones. Si es que tienes niños pequeños en casa, recuerda que cada persona forma su propia interpretación de las cosas y esto es necesario para el crecimiento personal, todos tienen un proceso de aprendizaje y crecimiento. Si estás leyendo esta información, no hay casualidades, ya es momento si tu así lo decides.

A continuación, te comparto un ejemplo de cómo por situaciones simples en Tu infancia, estos archivos quedan guardados en el subconsciente, y la interpretación que cada persona le da.

1. Estás en la escuela, llega la hora del recreo en donde se van a formar los equipos de juego, van eligiendo a cada integrante y te vas dando cuenta de que quedas al final de la elección, haciendo una cara de desagrado, por fin un equipo se queda contigo.

Tienes dos opciones (A y B) de guardar esta experiencia

Opción A

Creas una situación dolorosa, lo guardas en tu archivo como una herida, y por años estarás atrayendo este tipo de situaciones: miedo al rechazo, sentirte insuficiente, bloqueo con amistades, no merecedor, pensar que no eres bueno en los deportes, no me gusta trabajar en equipo, sentirte en último lugar, miedo al juicio, etc.

A cada quien se le forma un criterio y una herida diferente según la interpretación y el significado que cada quién desee darle.

Opción B

Guardas en tu archivo como un aprendizaje:

Te pones las pilas, decides practicar todas las tardes hasta convertirte en el mejor, ser capitán de equipo es tu objetivo y nada ni nadie te va a impedir lograrlo, y si, efectivamente después de varios meses de entrenamiento constante, en los recreos ven el cambio, como has mejorado, ya no te eligen al final y vas viendo tu crecimiento, ahora tienes emociones de logro, poder, de confianza en ti, comienzas a hacer relaciones, nuevas amistades y esta experiencia te hizo más fuerte.

Existen miedos, heridas, creencias, escenas que guardaste cuando eras muy pequeño, o fueron tan dolorosas para ti que generas un bloqueo mental.

A todo lo que guardas en Tu subconsciente lo llamo **CPU** (código personal único), y el objetivo del sistema es llevarte de la mano para descubrirlo.

En la siguiente imagen se ve la mente consciente y la subconsciente, como puedes ver en el dibujo es mucho más grande tu mente subconsciente.

¿Te ha costado trabajo cambiar de hábitos, tiras la toalla constantemente, no concluyes proyectos, te frenas y postergas cosas? Estas generando resistencia al cambio, y esto se debe a toda la información que tienes dentro de este gran archivo, mi mejor consejo es usar un decreto que te lleve a no auto sabotearte, o a postergar la acción.

Decretos y Afirmaciones:

"Hoy decido no abandonarme"

"Si la información llegó a mi vida es porque estoy list@"

"Yo doy pasos hacia adelante sin miedo"

"Hoy decido eliminar la justificación y la postergación"

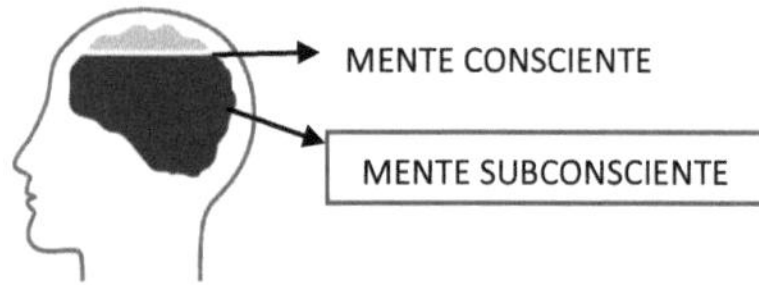

Capítulo 2

Frecuencias

Eres energía, la cual está en movimiento y tiene capacidad de cambio, tiene polos positivos y polos negativos, cada situación, evento, objeto, persona tiene polos, así que algo que está en un polo negativo y no te gusta, puede ser transformado a su polo opuesto, es decir al positivo, lo ideal es tener un balance entre ambos.

Tu energía crea un campo magnético y es lo que atraes a tu vida.

Dentro de tu energía, vas a encontrar diferentes tipos de frecuencias las cuales podemos detectar a través de nuestras emociones.

¿Cómo te sientes? Enojado, triste, feliz, en paz

¿Qué combinación de emociones estas formando?

A tu vida van a llegar estas mismas frecuencias mientras no generes una transformación ya que atraes lo que eres.

Iluminación

Paz

Alegría

Amor

Razonamiento

Aceptación

Voluntad

Neutralidad

Valor

Orgullo

Enojo

Deseo

Miedo

Sufrimiento

Apatía

Remordimiento

verguenza

Detector de frecuencias

La mejor forma para detectar en que frecuencia te encuentras es a través de tus emociones.

¿Cuántas veces reaccionas de forma automática en una frecuencia baja (enojo, sufrimiento, miedo, vergüenza, etc.) con algún comentario, suceso o persona?

Esto es normal y necesario, eres humano, y es de suma importancia permitirte sentir, suprimir o justificar tus emociones agranda el problema, te genera un bloqueo y falta de conexión con tu ser, si evades emociones con frases positivas tus emociones y sentimientos negativos se estancan y tarde o temprano regresan a tu vida.

Tu objetivo es detectar a través de tus emociones que es lo que requieres trabajar en tu interior, aprender a conocerte, amar el proceso de tu auto conocimiento.

Al identificar en que frecuencia te encuentras vas a lograr hacerlo consciente y es el primer paso para después detectar la raíz y transformar. Es importante evitar respuestas vagas: no sé cómo me siento, me siento mal, me siento bien, no quiero hablar del tema, etc.

Cuando tienes una emoción no agradable para ti, significa que estas vibrando en una frecuencia baja, y esto no es malo, no hay ni bueno ni malo, esto te va a ayudar a detectar lo que tienes en tu interior; si lo trabajas y lo haces consciente, vas a cambiar a una frecuencia más alta.

Seguirán llegando aprendizajes a lo largo de tu vida para transformar y vibrar cada vez más alto, solo que ya no de forma tan frecuente como sueles vivir ahora.

Te sugiero escribas en tu diario al final del día, cuáles fueron las frecuencias en las que vibraste, hacer este ejercicio te va a ayudar a entender lo que atraes a tu vida, analiza que frecuencias son más comunes en las personas cercanas a ti, no juzgues ni justifiques solo anótalo para hacerlo consciente.

Capítulo 3

Cómo llegas al mundo

Llegaste al mundo como una computadora que no ha sido programada, tus programas se formaron con creencias, heridas, vivencias, patrones, sistemas familiares, reglas, etc.

Cada programa se forma de una manera muy personal, ya que la perspectiva de cada persona es distinta. Recuerda no hay ni bueno ni malo, simplemente llenaste tu archivo con lo que tenías, esto es necesario para tu crecimiento personal.

Hoy llegaste a un punto de saturación en donde estas list@ para hacer las cosas diferentes.

Aprende, suelta, sana, transforma, disfruta el proceso para ser feliz sin lo externo, todo inicia en tu interior, a esto se le llama amor propio. Todas estas heridas y experiencias que integraste en tu programa CPU, son perfectas y necesarias para tener un crecimiento personal, no hay casualidades, no es que llegaras a una familia con recursos materiales y fuera una cuestión de suerte o mala suerte, llegaste a la familia que te correspondía para llenar tu programa y aprender a lo largo de tu vida.

Te sugiero comenzar a crear consciencia de lo que guardaste en tu interior.

¿De chiquit@ solías escuchar algunas de estas frases?

No te fijas, no puedes, no interrumpas, no tienes cuidado, eres muy desordenado, el dinero no crece en árboles, no te lo mereces, eres un mal hijo, no entiendes nada, l@s niñ@s bien no hacen esto o aquello, primero son los invitados, como en la familia han muerto de alguna enfermedad, lo más probable es que tú también, tú puedes lograr lo que quieras, mereces todo en esta vida, tienes cualidades que ninguna otra persona posee, tú tienes el poder de decisión, tienes que poner el ejemplo, etc.

De la sociedad también adquieres creencias y Normas de conducta, leyes, corrupción, costumbres, modales y más.

De tus Amig@s: heridas, alegrías, juegos, comparaciones, etc.

Eras parte de algún grupo, recibiste alguna agresión, eras aceptado, rechazado, se llegaron a burlar de ti, te sentiste humillado, viviste algún tipo de traición, abuso, etc.

De maestros tuviste experiencias agradables o desagradables, frases, normas de ortografía, etc.

En alguna ocasión fuiste juzgad@, te agregaron un adjetivo calificativo, una etiqueta, sufriste algún tipo de maltrato, o por el contrario recibiste enseñanzas valiosas y enriquecedoras para tu crecimiento, etc.

La forma en la que integraste todo esto puede ser en el polo positivo o en el polo negativo, convirtiéndote en un campo magnético de energía capaz de moverse, transformarse y atraer personas y situaciones que se encuentran en tu misma frecuencia.

Las frases "Atraes lo que eres", "Como es adentro es afuera", "Ve con quién andas y te diré quién eres" son ciertas.

Con las herramientas del sistema CLICK y haciendo consciente toda esta información vas a transformar los polos negativos para atraer lo opuesto.

El diagrama que a continuación te presento, te ayudará a visualizar y comprender mucho mejor la información, quedará más claro el trabajo que vas a realizar si así lo decides.

Diagrama

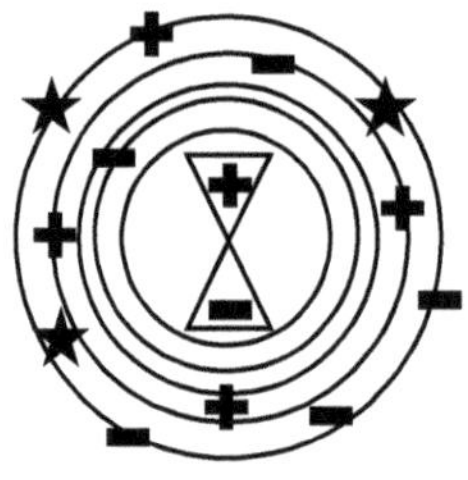

Explico el diagrama:

⧗ **El reloj de arena**

es tu subconsciente, que tiene guardado en su interior todas las experiencias, creencias, heridas, tanto positivas como negativas, es en donde se guarda tu programa CPU.

◎ **Los aros alrededor**

es el campo magnético que generas con tu energía interna, representa la ley de atracción.

- El signo negativo

son las experiencias, personas, enfermedades, situaciones que vibran en una frecuencia baja (enojo, tristeza, frustración, ansiedad, culpa.) y es en donde pondrás tu foco de atención para transformarlas. Evadirlas, ignorarlas o negarlas, es como si le aventaras encima un poco de tierra, si te sigue lastimando, enojando, frustrando es porque se encuentra en tu interior para sanarlo.

Baja la guardia, que esto es normal y no tiene nada de malo, recuerda que lo dejaste entrar en tu archivo sin saberlo, nadie es culpable, esto es perfecto para evolucionar, y a menos que quieras seguir atrayendo estas situaciones a tu campo magnético, reconocerlas y hacerlas conscientes de que están, es el primer paso.

-Si te enoja el éxito ajeno

-Te comparas todo el tiempo

-Te enojan algunas actitudes

-Te entristecen las injusticias

-Te molesta que las cosas no se hagan a tu manera

-Reaccionas de forma agresiva

-Situaciones que te quitan tu paz

Estas vibrando en frecuencias bajas.

✚ **El signo positivo**

son aquellas experiencias, emociones, personas y situaciones, que vibran en frecuencia alta, también puedes ser complemento de alguien en el polo positivo, admiras a la persona, ella o él también te admira a ti en diferentes áreas de tu vida y crecen juntos, esto lo identificas ya que es todo lo que te gusta y generas emociones de amor, armonía, paz, aprendizaje, en algunas ocasiones solo es necesario poner acción, ya que lo que admiras de otra persona también está dentro de ti.

★ **Las estrellas** son situaciones que existen en el mundo. A diferencia de los signos positivos y negativos no generan una reacción importante dentro de tus emociones, son neutrales para ti.

-Política

-Religión

-Impuntualidad

-Adopción

-Drogas

-Fundaciones

Recuerda algo importante, todos tenemos una perspectiva diferente de las cosas y lo que para ti puede ser una situación neutral, para otros puede ser un detonante de frecuencia baja.

Hacer esta información consciente, ayuda a identificar en tu vida las situaciones que para ti son positivas, negativas o neutrales, sabrás que todo es una proyección de tu interior lista para transformarse si tu así lo deseas, al ser transformadas estas experiencias no regresarán a tu vida, si se presentan nuevamente serán como una prueba final y tus emociones permanecerán neutrales, será como si alguien te dice que se te ve fatal tu playera rosa, cuando traes puesta una verde.

Cuando inicia la transformación interior llega el poder de decisión en forma consciente, aumenta tu valor personal y tu poder de conexión.

Si trabajas en la transformación de una emoción negativa a positiva, esto se verá reflejado en tú vida ya que será parte de tu nueva proyección, estarás en el proceso de un cambio de frecuencia y por consecuencia atraerás situaciones beneficiosas para Ti.

Si te quejas de las personas, situaciones y culpas a lo externo de tus problemas, esta información será incómoda al inicio, es más fácil culpar a los demás que hacerte responsable de lo que estas proyectando en tu vida.

El punto en el que estés es perfecto, juzgar tu edad es una forma de justificar la inacción, toda esta información la comencé a comprender y a aplicar a mis 41 años de edad, así que ya sea antes o después, no importa.

Ten paciencia, llevas años con todas estas creencias, heridas, patrones, dentro de ti, la transformación es un proceso, lo importante es que ya estás haciendo algo por ti.

Disfruta el proceso, los tiempos son perfectos y se consciente que sin acción nada se mueve ni se transforma.

Capítulo 4

Nadie tiene el poder de detonar emociones

Nadie tiene el poder de hacerte sentir mal o bien, tú eres dueño de tus emociones y decisiones.

El culpar a otros por tus emociones en frecuencias bajas o altas es normal porque eso te enseñaron desde niñ@.

La acción que estas juzgando como buena o mala, la realizó una tercera persona y lo que te duele, es que tú tienes cierta expectativa de cómo deberían de ser las personas.

Existen dos situaciones que te pueden llegar a afectar emocionalmente cuando tienes una herida:

La primera es cuando la persona realiza algún comentario o acción sin saber que va a recordarte alguna herida que tienes en tu interior.

La segunda es cuando existe algún tipo de agresión.

Agresión es todo acto de violencia caracterizado por provocar daños intencionados de forma directa o indirecta, agresión pasiva, verbal, sexual, física, psicológica, etc.

El agresor no va a cambiar, no es tu función cambiar a nadie, cada quien es responsable de su propio cambio.

Tu trabajo interno va a ser tan grande, a pesar de que exista la agresión, tu paz interior no se verá afectada y pronto dejará de ser parte de tu vida.

Es importante ser paciente, afirmar que ya estás en el proceso de tu cambio y que lo mejor está por venir.

Juzgar lo que está bien o está mal y quejarte todo el tiempo, no te lleva a nada, el cambio inicia primero en ti, no en los demás.

Sugiero que comiences a transformar las frases que usas cuando culpas a alguien más por tus emociones, esto te va a ayudar a recuperar tu poder, amor propio, soltar el victimismo y aumentar tu valor personal.

Sustituye:

"me hizo", "me hace", "por su culpa"

Por:

Yo decido, Yo me hago

Ejemplos:

1. "Me siento triste porque mi novi@ no me habló el día de mi cumpleaños".

En este ejemplo culpas a tu novi@ de tu tristeza, ya que no cumplió las expectativas que tenías.

Cambia por:

"Decido sentirme triste cuando no salen las cosas como espero"

"Decidí sentirme triste al no recibir su llamada"

2. "Estoy enojad@ porque me chocaron el coche"

"Decido estar enojad@ porque me chocaron el coche"

¿El permanecer enojad@ va a solucionar el problema?

Si sigues enojad@ es porque tú quieres, recuerdas el evento y regresa la emoción negativa a tu presente, y esto es completamente válido, solo se responsable de tus emociones, elimina la culpa a lo externo.

3. "Me pone de malas mi jefe"

Tu jefe no te pone de malas, tú decides ponerte de malas por alguna actitud que tiene, recuerda que si te molesta es una proyección de tu interior, permanecer en el trabajo es tu decisión, justificar solo es la resistencia al cambio y tus miedos.

"Yo decido conservar este trabajo, porque por ahora no me es conveniente dejarlo"

"Yo decido estar de malas con la actitud que tiene mi jefe"

4.” Estoy sufriendo por culpa de mi espos@, me pintó el cuerno”

“Decido sentirme triste porque mi espos@ no cumplió mis expectativas”.

“Decido quedarme en la relación porque no es conveniente para mí una separación”

Tu espos@ tiene vacíos, deja de culparte.

5. “Mi felicidad depende de mí espos@”

Tu felicidad sólo depende de ti, ¿si tu espos@ se va o se muere, entonces ya no vas a ser feliz?

Eres feliz por ti mism@, tu espos@ suma a esta felicidad y la hace más grande.

“Yo decido crecer a lado de mi espos@ y compartir todo el amor que tengo dentro de mí.

6. Si estas sufriendo algún tipo de agresión, de la misma forma cambia a:

“Yo decido agredirme al permanecer aquí”

A continuación, escribe las ocasiones en las que has culpado a otros por cómo te sientes, crea consciencia y transforma la frase a yo decido.

Notas

Eres humano y es normal sentir, enojarte, entristecerte, frustrarte, etc. a través de tus emociones es la mejor forma de conocerte y recibir respuestas de lo que está dentro de ti, sin embargo, el quedarte en una relación de amistad, pareja, trabajo, que no te genere un buen sentimiento o motivación para ser mejor, estarías traicionando el principio fundamental por el cual estas vivo y no es otro más, que ser feliz por Ti mism@. La felicidad y el amor es un sentimiento que se genera desde tu interior y solo depende de Ti.

Capítulo 5

Ley del espejo

Como es adentro es afuera

Tu mundo interior crea tu mundo exterior

Eres lo que atraes a tu vida

Toma una pausa para analizar el significado de estas frases.

Las personas y situaciones que están a tu alrededor son un reflejo de tu interior y tú eres un reflejo de su interior.

El espejo que refleja frecuencias altas: son situaciones y personas que admiras y te gusta lo que proyectan, es importante que reconozcas lo grandioso que eres, si está en tu mundo es porque lo estas proyectando y atrayendo a tu campo magnético, refleja lo que ya eres, el problema es que no lo reconoces en ti.

Tu luz interna es perfecta, lo que te gusta de la otra persona lo requieres trabajar desde tu interior para proyectarlo en tu exterior.

EL espejo que refleja frecuencias bajas: son situaciones, actitudes que no te gustan de las personas, todo de lo que te quejas y críticas.

Reconocer a tu reflejo de frecuencias altas o bajas es un regalo.

Cuando reconoces tu reflejo en frecuencia alta, es amarte y valorarte.

Cuando reconoces tu reflejo en frecuencia baja, te da la oportunidad de crecer en tu interior al saber lo que requieres transformar.

La forma de reconocer tus espejos es a través de tus emociones, permítete sentirlas, no evadirlas ni justificarlas.

Una vez que detectes tu espejo de frecuencia baja o polo negativo la vas a transformar a una frecuencia alta o polo positivo con los ejercicios que te comparto del sistema CLICK en los próximos capítulos.

El primer paso es hacerlo consciente, conecta con tus emociones, si te afecta es porque está dentro de tu código CPU. Es normal que reacciones de forma negativa, llevas dentro de ti heridas sin sanar por muchos años.

Tú eres responsable de tu transformación no de la de los demás.

Vives en un juego de reflejos que se detona con situaciones y personas creando patrones de repetición, detonas y creas discusiones interminables para tener la razón, viviendo en frecuencias bajas continúas magnetizando ese mismo tipo de situaciones, hasta el punto de reflejar una crisis fuerte en tu vida. Reconoces a tu espejo cuando te molesta alguna acción, actitud, situación, etc.

Repaso

1) En tu mente subconsciente se encuentran almacenadas las heridas, creencias, emociones, que integraste en tu infancia.

2) Estas creencias, emociones, patrones, son tu programa CPU (código personal único) y se encuentran en frecuencias altas y bajas.

3) Eres energía y creas con tu programa CPU un campo magnético, atracción de lo que llevas dentro.

4) A tu campo magnético llegan situaciones neutrales, polos positivos y polos negativos y lo puedes reconocer a través de tus emociones.

5) Nada ni nadie puede herirte a menos que tú lo permitas.

6) Las personas con las que más contacto tienes son tu reflejo.

Capítulo 6

Sistema CLICK C: Conócete

Después de aprender los conceptos de los capítulos anteriores, es momento de poner manos a la obra y realizar los ejercicios para tu transformación.

Recuerda que para transformar algo primero debes de conocerlo, no te saltes ejercicios, es normal si tienes un poco de resistencia, la pereza, la justificación, la inacción, el postergar, es tu subconsciente pensando que te está protegiendo, lleva años portándose así. No permitas que esto te detenga, respira y continua a tu paso, si lo permites, entonces no entres en un estado de queja y victimismo con tu situación actual.

El primer ejercicio es escribir todo lo que sepas que está dentro de tu programa CPU de forma consciente, religión, costumbres familiares, dichos, frases, vivencias, y lo vas a separar en listas.

Escribe todo lo que puedas, esto no significa que vas a transformar todo al mismo tiempo, la pauta de lo que vas a trabajar te la va a dar tu espejo, personas o situaciones que no sean de tu agrado.

Te voy a compartir algunas preguntas y frases, tu decidirás en que lista colocar ese programa o creencia, esto es solo con el fin de darte un pequeño empujón para que comiences este autoanálisis, ya después puedes direccionar el cambio a diferentes áreas de tu vida si así lo decides. Escribe todo lo que recuerdes, y no desde el juzgar cual es la respuesta adecuada.

¿Qué religión practicas?

¿Edad para casarte?

¿Ganabas todos los juegos?

¿Te consideras bueno en los deportes?

El dinero no crece en árboles

Esto está muy Caro

No alcanza

Tengo que cubrir yo los gastos causados por tu descuido

Lo dices porque me quieres

¿Tus papás salían mucho de viaje?

Sufriste de algún tipo de abuso

¿En la escuela tenías buenas relaciones?

Los hombres se encargan del sustento en casa

Los hombres no lloran

Las mujeres son de su casa

¿cómo era la relación entre tus padres?

Vicios

Dichos como:

la ropa sucia se lava en casa

Ojos que no ven corazón que no siente

A las mujeres ni todo el amor ni todo el dinero

No te mereces el premio porque no saliste bien en calificaciones

No te lo mereces por tu mala conducta

Eres un mediocre

No tengo tiempo

Si te portas mal, no recibirás regalos en navidad

Estoy muy ocupado para eso

Porque no te fijas, eres un descuidado

No eres bueno en el juego

Tú no puedes

Todos los domingos se come en casa de los abuelos

La navidad es tiempo de familia

Todos en la familia han muerto de x enfermedad, por lo tanto, tú también podrías morirte de eso

Primero los invitados

Te tienes que comer todo lo que te sirvan en el plato

Hay que ayudar a los pobres

Es de mala educación dejar comida en el plato

Hay muchos niños que no tienen que comer y por eso tu tienes que comerte todo lo del plato

No te paras de la mesa hasta que no te acabes todo lo del plato

Yo tengo la razón porque soy más grande que tu

De tal palo tal astilla

Hijo de tigre pintito

Estas corregida y aumentada

Es tu deber dar el ejemplo

Me hiciste perder mi tiempo

Fue un gasto inútil

Eres un desperdiciado

Tienes manos de estómago, todo lo destruyes

Esto es solo un par de ideas para iniciar, ahora ve llenando tus listas, y no te juzgues si no las tienes repletas, insisto lo que vas a ir trabajando ya lo vives en tu vida diaria, sin embargo, date la oportunidad, entre más puedas escribir, será más fácil hacer consciencia.

Listas

Creencias de tu familia

1...

2...

3...

4...

5...

6...

7...

8...

9...

10...

Experiencias que fueron dolorosas

1...

2...

3...

4...

5...

6...

7...

8...

9...

10...

Frases que escuchabas frecuentemente

1...

2...

3...

4…………………………………………………

5…………………………………………………

6…………………………………………………

7…………………………………………………

8…………………………………………………

9…………………………………………………

10…………………………………………………

Ejemplos de conducta de tus padres, abuelos, hermanos, amigos, familia, maestros

1…………………………………………………

2…………………………………………………

3…………………………………………………

4…………………………………………………

5…………………………………………………

6…………………………………………………

7…………………………………………………

8…………………………………………………

9…………………………………………………

10…………………………………………………

Cuáles son las creencias que ya no te funcionan en la actualidad

1…………………………………………………

2…………………………………………………

3…………………………………………………

4…………………………………………………

5…………………………………………………

6…………………………………………………

7…………………………………………………

8...

9...

10...

Qué nuevas creencias decides integrar en tu programa CPU

1...

2...

3...

4...

5...

6...

7...

8...

9...

10...

Capítulo 7

Sistema CLICK L: Libera

Ya iniciaste una consciencia interna de algunos de los programas que tienes en tu interior, para ir liberando es importante tener paciencia, solo piensa hace cuántos años que tienes todos estos archivos, no te juzgues todo es parte del proceso, te voy a dar paso a paso ejercicios para poder liberar y como saber qué es lo que se encuentra en tu presente listo para liberarse.

1. Conciencia de lo que te está detonando en frecuencias bajas a través de tus emociones reflejadas en tu espejo

Todo inicia con tu reacción, actitud que tienes en una energía negativa de frecuencia baja, no importa que no explotes en el momento, aprende a sentir, si te mueve, aunque sea muy poquito, significa que está ahí dentro.

Contesta las siguientes preguntas quitando lo externo, solo responde que es lo que te está molestando y que nombre le pondrías a esa emoción:

Injusticia, no sentirte escuchad@, no sentirte valorad@, no sentirte respetad@, sentirte rechazad@, falta de ética, falta de acción, etc.

Describe en los siguientes renglones la situación que te molestó, lo que te está frustrando… que te causa angustia, describe como si estuvieras platicando una escena de alguna película con todos los detalles.

……………………………………………………

……………………………………………………

……………………………………………………

……………………………………………………

Basado en lo que describiste responde las siguientes preguntas

P: ¿Qué es lo que te duele, enoja, entristece, etc.?

R.…………………………………………………

……………………………………………………

……………………………………………………

……………………………………………………

P: ¿Lo has sentido en otra ocasión?

R.…………………………………………………

……………………………………………………

……………………………………………………

……………………………………………………

P: ¿De qué forma puede esto estar dentro de ti?

R.…………………………………………………

……………………………………………………

……………………………………………………

……………………………………………………

P: ¿Qué personas que están a tu alrededor pueden ser tu espejo en esta emoción baja o polo negativo?

R.…………………………………………………

……………………………………………………

……………………………………………………

NOTAS

....

....

....

....

....

....

....

....

....

....

....

....

....

....

....

....

....

2. Ejercicio de asociación

Este ejercicio te va a ayudar a darte cuenta como tienes en diferentes áreas de tu vida lo que no te gusta, por ejemplo, puede ser una persona que le molesta el desorden en casa y detona cuando ve tiradero y cosas fuera de su lugar, esta persona es muy ordenada en casa, pero puede tener en el área de salud un desorden alimenticio sufriendo de bulimia. Fluye, y no te cierres, solo repite:

"Si me molestó es porque lo tengo en mi interior, de otra forma sería indiferente para mí"

También recuerda que todo tiene un polo opuesto, tu ves mucho desorden y tu eres en extremo ordenad@ reflejando el control que quieres tener de las cosas y tu espejo en el polo opuesto te esta mostrando como llegar a un punto medio, creando acuerdos, siendo más flexible, no moviendo tus emociones, es decir que, si ese extremo como es el orden en exceso te esta llevando a un enojo frustración porque las personas no hacen lo que tu quieres, ¿de que forma puede ser esto positivo? Llega a acuerdos con las personas que te rodean más no quieras controlar la situación.

Este es un increíble ejercicio de auto análisis, te va a ayudar a ir transformando y liberando lo que no te gusta y que estas proyectando en tu mundo.

Te recomiendo escribir el significado que tiene para ti cada situación que detectes, es decir usa tu interpretación de las cosas, por ejemplo, para ti la impuntualidad puede representar una falta de respeto, y para la persona que es impuntual no, para esta y muchas personas puede representar simplemente contratiempos de la vida, suceso inesperado, un mal manejo del tiempo.

Si detectas algo, no te cierres pensando en justificaciones, fluye y no juzgues la situación, y lo más importante saca de tu pensamiento que la respuesta está en que la otra persona cambie, primero eres Tú.

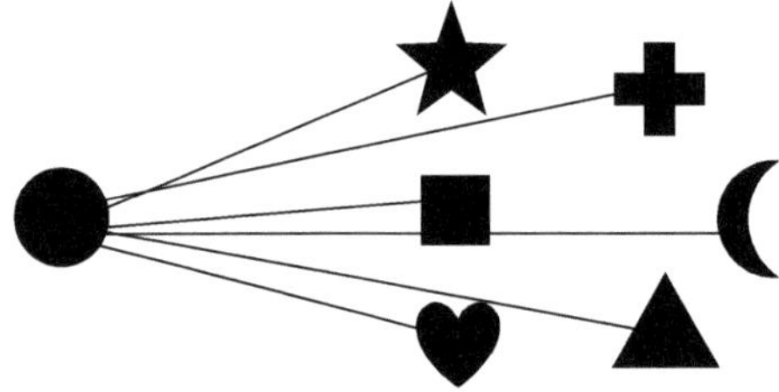

Explico dibujo:

1. El círculo representa aquello con lo que reaccionaste con tus emociones de forma negativa, si explotaste con alguien por su impuntualidad, desorden, descuido, etc.. para ti que representa eso, que significado le das, en este caso vamos a suponer que el círculo representa la falta de respeto

2. La estrella es un área de tu vida, por ejemplo tu relación con tus hijos, cuestiona ¿de que forma no estas respetando esa relación?

- ¿Respetas sus decisiones?

-¿Respetas el tiempo de comida para convivir con ellos? o te distraes con el celular y no estas presente.

-¿Respetas su opinión? O dices frases como: esto es conversación de adultos, no te metas.

¿Te das cuenta como puedes seguir algunos patrones de tu infancia? ¿Papá o mamá no te prestaban atención?

¿Que vivías en casa?

3.El cuadrado puede representar tu salud, ¿de que forma no te estas respetando a ti mism@?

-¿Respetas tu cuerpo alimentándolo sanamente?

-¿Respetas tu cuerpo, evitando sustancias tóxicas?

-¿Respetas tus horas de sueño?

4. El corazón representa tu relación en pareja, cuestiona de que forma tu no estas respetando algo en esta relación

-¿Respetas su opinión?

-¿Respetas los acuerdos?

-¿Respetas sus relaciones?

-¿Respetas su trabajo?

-¿Respetas su independencia?

-¿Existen infidelidades físicas o de pensamiento?

-¿Tus decisiones las tomas basandote en la otra persona?

5. la cruz representa tu tiempo, ¿como es que no respetas tu tiempo?

-Planeas una agenda y cambias todo la mayoría del tiempo

- No respetas los tiempos que asignaste para ti

- No respetas tus decisiones y las basas en lo que los demás quieren

-Le das mas peso a la inaccion y pierdes tiempo en actividades que no te llevan a un fin productivo.

Dale un significado al triangulo y a la luna, pueden ser tus amistades, trabajo, compañeros, etc.

3.Tiempo de autoanálisis

Estas avanzando mucho, el primer paso es hacer conciencia de lo que está en tu interior, ya detectaste e hiciste consciente lo que te molesta de la situación que estás viviendo y lo detectaste con ayuda de tus espejos y emociones.

En el siguiente ejercicio vas a recordar en qué otras ocasiones has sentido esas emociones, solo escribe la primera imagen que se te venga a la mente, ya sabemos que es lo que no quieres en tu vida y el hacer consciente que no es tuyo, que se integró en ti hace mucho tiempo, haciendo un patrón repetitivo, te va ayudar mucho para liberarlos.

¿Qué personas y situaciones en tu vida reflejan en ti una falta de respeto, de amor propio, de desorden, etc.? Cualquier cosa que detectaste dentro de tu programa. Te sugiero sea una por una.

1...
2...
3...
4...

¿Recuerdas las ocasiones en las que has vivido esta emoción de forma negativa? ¿Cuándo fue la primera vez que lo sentiste? Ve paso a paso hacia atrás escribiendo las situaciones o personas más recientes y de ahí retrocede a tu infancia.

1...

2...

3...

4...

5...

6...

4. Meditación para aceptar tu espejo

La meditación es una de las formas en las que puedes conectar con tu YO interior, hacer una pausa en tu vida y darte unos minutos de paz.

Es normal si al principio te quedas dormid@, te incomodan las posturas, llegan constantemente pensamientos y no logras aquietar tu mente, esto es de disciplina y práctica constante, puedes iniciar con 5 min y cada semana aumentar más tiempo.

Cuando detectas una herida y la guardas en tu programa CPU, es un evento del pasado, sin embargo, el subconsciente no conoce de tiempos, si tu cierras los ojos y visualizas una escena como cuando recuerdas una película, sientes las emociones en tu presente.

Para poder liberar a través de la meditación, solo cierra tus ojos y visualiza el momento en el que recibiste la herida, conecta con tus emociones y repite: "Esto ya no me pertenece, hoy lo regreso a su origen", la regreso en forma de luz para que en el momento en que la persona que fue mi espejo lo decida sane sus propias heridas y agradeces.

Para este ejercicio entra a la página www.sistemaclick.com en donde encontrarás la meditación guiada.

Capítulo 8

Sistema CLICK I: Intención

Recuerda que esta guía requiere de paciencia y de tu trabajo diario, ya aprendiste a liberar lo que en alguna ocasión permitiste entrar en tu interior de forma inconsciente y aprendiste a regresar en el tiempo con amor a través de la meditación para sanar heridas.

Es momento de hablar de las intenciones que tienes, una intención es el propósito o finalidad con la que procedes para alcanzar un objetivo y todo inicia desde tu mente, que estas visualizando, como se ve, como se siente, con que emociones estas conectando, para que requieres el cambio.

Puedes lograr muchas cosas, lo que siembras lleva tu intención, así que será gran parte del resultado que tengas.

El siguiente ejercicio es responder las preguntas para acercarte a una intención basada en ti y no en lo exterior.

¿Qué quieres proyectar en tu mundo?

R...

....

....

....

¿Para qué? ¿Cuál es tu intención?

R...

....

……………………………………………………

……………………………………………………

¿Qué quieres cambiar?

R……………………………………………………

……………………………………………………

……………………………………………………

……………………………………………………

¿Para qué? ¿Cuál es tu intención?

R……………………………………………………

……………………………………………………

……………………………………………………

……………………………………………………

Puedes generar algunos bloqueos solo con tu intención de interferir en las vidas o procesos de evolución de otras personas, esto es como la lección de la mariposa.

Un día de primavera, un viajante descansaba tranquilamente al borde del camino bajo un árbol. Mirando la naturaleza que le rodeaba, observó cómo una mariposa intentaba abrirse paso a través de una pequeña abertura aparecida en el capullo. Estuvo largo rato contemplando cómo la mariposa iba esforzándose hasta que, de repente, pareció detenerse. Tal vez la mariposa –pensó aquel hombre- había llegado al límite de sus fuerzas y no conseguiría ir más lejos.

Así que, decidido a ayudar a la mariposa, cogió unas tijeras de su mochila y ensanchó el orificio del capullo. La mariposa, de esta forma, salió fácilmente. Su cuerpo estaba blanquecino, era pequeño y tenía las alas aplastadas. El hombre, preocupado, continuó observándola esperando que, en cualquier momento, la mariposa abriera sus alas, las estirara y echara a volar. Pero pasó el tiempo y nada de eso ocurrió. La mariposa nunca voló, y las pocas horas que sobrevivió las pasó arrastrando lastimosamente su cuerpo débil y sus alas encogidas hasta que, finalmente, murió.

Aquel caminante, cargado de buenas intenciones, con voluntad de ayudar y evitar el sufrimiento a la mariposa, no comprendió que el esfuerzo de aquel insecto para abrirse camino a través del capullo era absolutamente vital y necesario, pues esa era, precisamente, la manera que la naturaleza había dispuesto para que la circulación de su cuerpo llegara a las alas, y estuviera lista para volar una vez hubiera salido al exterior.

Algunas veces, es justamente tiempo y esfuerzo lo que necesitamos para evolucionar y crecer en nuestra vida. En realidad, si la naturaleza nos permitiese vivir sin obstáculos, quedaríamos muy limitados en nuestro inmenso potencial. Nunca llegaríamos a desarrollar nuestra verdadera plenitud

Si tu interfieres en el proceso que tiene la mariposa para poder salir de su capullo, sus alas no adquieren la fuerza necesaria para volar

Otro bloqueo que puedes generar es basar tu felicidad en lo externo, por ejemplo

Quiero más recursos económicos para ser feliz.

Quiero a una pareja para que me haga feliz.

Responde las preguntas, si tus respuestas están basadas en lo externo, no te juzgues, solo transforma, no se trata de ser los héroes del planeta, ni de ayudar a los demás, recuerda algo, no puedes dar algo que no tienes, no puedes ser ejemplo de algo que no eres.

Recuerda que no requieres de lo exterior para ser feliz, todo lo tienes en tu interior.

Contesta todo basado en ti no en algo externo.

Quiero sentirme querido, apreciado primero viene de ti, no requieres de alguien más ....

1.Quiero tener una pareja

¿Para qué?

....

2.Quiero tener mejores relaciones

¿Para qué?

....

3.Quiero más recursos

¿Para qué?

....

4. Quiero perder 5 kilos

¿para qué?

....

5.Quiero...

¿Para qué?

....

6.Quiero...

¿Para qué?

....

Tu intención requiere generarse desde el amor propio, no en lo externo, en tu crecimiento personal, y evolución, en hacer las cosas diferentes para cambiar patrones con intenciones a un resultado en frecuencias altas. Si crees que pensar primero en ti es un acto egoísta, hoy te puedo decir con toda la certeza que es falso. Esta creencia viene desde tu infancia, cuantas veces escuchaste: primero los invitados, en las reglas gramáticas te mencionas al final si no es de mala educación, dejas pasar a las personas primero, y así una serie de programaciones que se guardan en tu subconsciente, la realidad es que todo inicia a partir de ti y es un acto egoísta no hacerlo ya que no puedes dar algo que no tienes, si no te amas como vas a dar amor, si no te respetas como vas a respetar a las personas, si juzgas a las personas, cómo pretendes no ser o sentirte juzgado, elimina la palabra necesito, tu no necesitas nada porque ya lo tienes todo en ti, la palabra necesito viene desde una necesidad, requiero de.. es diferente a necesito de... decido mas no necesito

Este diagrama lo vas a repetir constantemente en tu vida, hasta obtener el resultado deseado, disfruta el proceso, si no resultó como esperabas, se convierte en un aprendizaje, ten paciencia esto es un proceso.

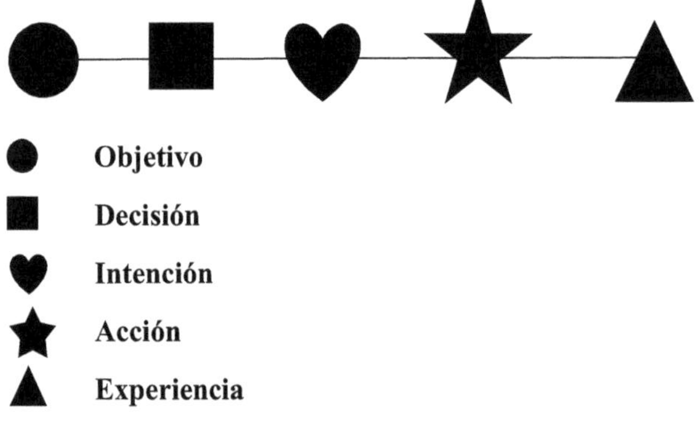

Capítulo 9

Sistema CLICK C: Cambia

Decretos y Afirmaciones

Una de las herramientas para el cambio después de haber detectado tu herida, es hacer decretos y afirmaciones, todo tiene un polo opuesto, entonces, si detectaste que la impuntualidad te detona y eso representa una falta de respeto, vas a respetarte en todas las áreas de tu vida. Antes de realizar el decreto requieres hacer consciente el polo positivo de lo que te molesta.

Ejercicio:

Escribe el polo opuesto, de las frecuencias bajas que a continuación se enlistan.

Falta de respeto – Respeto

Pereza – Acción

Manipulación – soltar control

Soberbia – acepto las cosas tal cual son

Crítica – suelta el juicio personal y hacia los demás

Me tiene que pedir perdón=soberbia-

Narcisismo – control-

Victimismo –

Mentira –

Avaricia –

Envidia –

Ira –

Hipocresía –

Abuso –

Falta de confianza –

Celos –

Gula –

Desperdicio –

Desorden –

Miedo-

Falta de confianza-

Aquí se muestran algunos ejemplos de decretos para que te des una idea, sin embargo, lo ideal es crear tus propios decretos.

Decretos para el respeto:

"Hoy decido respetarme en todas las áreas de mi vida"

"Yo respeto las decisiones de las demás personas"

"Yo decido respetar mi cuerpo"

"Yo respeto mis decisiones"

"Hoy decido respetar mi nutrición"

"Yo respeto el proceso de evolución de los demás"

"Hoy decido respetar mi tiempo"

"Yo respeto las opiniones de los demás"

Decretos para el soltar el control:

"Hoy decido fluir con lo que el universo pone en mi camino"

"Hoy suelto el control de querer cambiar a situaciones o personas"

"Yo Controlo mis reacciones con amor, entiendo que vienen desde mi interior"

"Yo suelto el control al resultado externo y decido enfocarme en mi"

Ahora escribe tus propios decretos y afirmaciones, repítelos todos los días por las mañanas o por las noches para que formen parte de tu subconsciente.

…………………………………………………………

…………………………………………………………

…………………………………………………………

…………………………………………………………

…………………………………………………………

…………………………………………………………

…………………………………………………………

....

....

....

....

Congruencia/Integridad

Si quieres un cambio, la congruencia es sumamente importante, una persona congruente es aquella que actúa en consecuencia con sus ideas y con lo que expresa.

Da un paso a la vez, realiza una inspección en todas las áreas de tu vida.

Lo piensas, lo expresas, lo haces, esto es vivir en congruencia, esto es ser una persona íntegra.

Es necesario ser honesto contigo mismo en todas las áreas de tu vida y así crear congruencia e integridad, en cada una de ellas:

- Como persona

- Como profesionista

-Como empresari@

-En el ámbito personal

-En el ámbito familiar

Te comparto algunos ejemplos, para que pueda quedar más claro la falta de coherencia y de integridad en tu vida.

-Eres exitos@ en tu empresa o en tu trabajo, pero en casa no tienes una buena comunicación con tu esposa o hijos, te anestesias con sustancias que perjudican tu cuerpo, llegas tarde con tal de evitar situaciones que no son agradables, estás viviendo dos realidades, la realidad de éxito económico y la falsa realidad que pretendes aparentar en tu vida personal.

-Al ser ama de casa es lo mismo, tu casa se convierte en tu empresa y tu trabajo, dices a tus hijos al educarlos, da lo mejor de ti en la escuela, sé el mejor en lo que haces, evita decir mentiras, y por otra parte te quejas de las labores domésticas, gritas todo el día, te enojas por todo, discutes con tu esposo por la falta de dinero, y ante las personas aparentas tener una familia perfecta, tomas cursos, meditas por las mañanas y subes fotos a redes sociales con tal de recibir una aprobación externa.

-Hablas a tus hijos y seres queridos de la importancia de comer bien y nutrirte, sin embargo, tienes problemas con tu peso, fumas, no haces ejercicio, comes en exceso alimentos que dañan tu cuerpo.

-Dices que la violencia es mala, que es importante luchar por tus derechos, levantarte ante las personas que te agreden y, sin embargo, cuando se presenta alguna situación difícil que implique enfrentar conflictos, por miedos mejor le das la vuelta.

Si quieres hacer la diferencia inicia por ti, deja de criticar lo externo, enseña con tu ejemplo de congruencia y de integridad, elimina justificaciones y quejas.

¿Qué es lo que realmente estas enseñando?

¿Eres Coherente con lo que dices y haces?

La clave para iniciar la transformación a la coherencia y a la integridad, es actuar siempre como si tuvieras a lado a alguien a quien le tienes mucho respeto, o a quien quieras ser ejemplo estés sólo o acompañado tu comportamiento y acciones mantenerlas con coherencia e integridad, y piensa, ¿esto es conveniente o inconveniente?

Recuerda que todo el tiempo estas lanzando semillas y cosechando. Tarde o temprano saldrán hierbas o los campos más floreados que puedas imaginar.

Actitud

Tu actitud es básica en este proceso de transformación, lo importante es combinar tu actitud con tu intención y que ésta no te dañe a ti o a terceras personas, la creación de un balance con congruencia es tu objetivo.

La actitud va mucho más allá que el juzgar a la persona por tener una actitud positiva o negativa, en estos dos polos, interfiere la interpretación de la persona y de la situación.

Ejemplos:

-Una nueva banda de ladrones invita a una persona a participar en el robo y esta contesta de forma positiva, con "buena actitud" para conseguir el auto de escape, las bolsas en donde se guardarán los billetes, la persona está actuando con una actitud positiva, a pesar de que internamente sabe que pone su vida en riesgo. Si por el contrario rechaza la oferta, las personas que lo invitaron a participar juzgarían su mala actitud.

-Recuerda a ese maestro en tu infancia, te quejabas y pensabas que tenía una "mala actitud" al hacer exámenes sorpresa, dejarte tarea extra los fines de semana, pensabas que te estaba dañando, sin embargo, la intención del maestro era hacerte más fuerte, inteligente, empujarte a tener una mayor comprensión, si logró o no su objetivo, solo tú lo sabes.

-Una persona acepta todo tipo de invitaciones y responde de una forma positiva, ofreciéndose a hacer la reservación, pasar por todos en su coche, ante los demás está teniendo una súper actitud, a pesar de que, por dentro, sabe que complican sus tiempos y esa semana ha estado cargada de trabajo, lo que realmente le gustaría sería quedarse en casa, tomar un baño caliente y descansar.

¿En qué basas tu actitud? ¿en lo que puedan pensar las demás personas? o en lo que realmente quieres.

Crea tu propio código respondiendo las siguientes preguntas

- ¿Quién eres?

- ¿Qué quieres?

- ¿Para qué lo quieres?

- ¿Qué decides aceptar y que es inaceptable?

Crea tu mapa

- ¿A dónde vas?
- ¿Qué plan tienes para lograrlo?

Adopta la actitud que sea conveniente para ti, según la situación en la que te encuentres.

Elimina la culpa y el juicio, pensar que está bien o que este mal.

Actúa desde tu intuición con el principio de no dañar a otras personas, usa tu intención, y lo más importante es que toda actitud surja del amor, aceptando responsabilidad de tus decisiones ya sea el resultado conveniente o no.

Ante la situación que te encuentres, ahora piensa que actitud vas a tomar basada con una intención de amor.

Actitud de solución

Actitud de compañerismo

Actitud de lucha

Actitud de valorarte

Actitud de ejemplo

Actitud de superación

Actitud de cambio

Actitud de ……………………….

Actitud de ……………………….

Actitud de ……………………….

Si tienes una actitud que no te está favoreciendo y quieres un cambio todas las mañanas di frente al espejo:

"Hoy decido tener la mejor actitud y dar lo mejor de mí en mi día"

Herramientas internas para transformar tu actitud

Suelta el Juicio:

Evita juzgar a las personas, recuerda que son tu espejo, toda crítica es una auto crítica. Evita sentirte superior, o el famoso yo no … él o ella si tienen mala actitud, si está en tu mundo y te molesta su mala actitud es que viene de ti, nos guste o no la idea.

Si es una situación, acción, herida, que ya está en proceso de sanar, entonces ya de forma consciente es tu decisión quedarte junto a esa persona o alejarte, no tienes porqué recibir malos tratos o situaciones que no quieras vivir.

Cada persona tendrá sus propias razones para comportarse como lo hace, no es tu papel juzgar.

La actitud ante las situaciones depende de ti, con la práctica vas a tener mayor inteligencia emocional, vas a lograr controlar el impulso inmediato y la reacción ante la herida, vas a tener la capacidad de hacerla a un lado por un rato y después, ya en casa, sentir, asimilar, autoanalizar y soltar, el reaccionar es tomar una mala actitud ante tu espejo, es como decir: "me pegas, entonces yo también te pego".

Tú decides si sumas en la vida de las personas o restas, y como atraes lo que eres, si sumas vas a comenzar a ver transformaciones favorables en tu mundo.

Es válido enojarse y al inicio vas a seguir reaccionando con impulso, la diferencia es que al final le dediques el tiempo necesario para hacer consciente el origen de la reacción.

Las siguientes preguntas te van a ayudar para usar tu inteligencia emocional con las situaciones en tu día a día que detonen alguna emoción negativa generando una reacción.

1. ¿Lo puedo cambiar?

2. ¿Mi enojo ayuda a solucionar el problema?

3. ¿Vale la pena perder energía con emociones negativas?

4. ¿Esto es lo mejor que puedo hacer?

5. ¿Mi actitud afecta a otros seres?

6. ¿Mi actitud suma o resta?

Suelta la Justificación:

Deja de justificar tus reacciones, si llega una emoción en el día en frecuencia baja permítete sentir, no te justifiques, la apuntas y luego aplicas con la mejor actitud para sacarla de tu sistema, si ya es una herida consciente, solo di la siguiente frase:

"Esta herida no me pertenece, estoy en el proceso de su transformación"

Suelta la Queja:

Decide eliminar la queja de tu vida, la queja es decirle al universo, a Dios, a la vida, que no aprecias ni valoras lo que tienes, atraes más de lo negativo al estarte quejando, decide eliminar la queja, de nada sirve agradecer todas las mañanas por lo que tienes, si vas a entrar en queja a los 10 minutos, la queja representa no estar en el presente amando lo que tienes, o te quejas en tu presente lamentando situaciones por las que estás viviendo, provocando atraer más de lo mismo.

Respirar y despertar cada mañana ya son motivos para agradecer, es el inicio de nuevas oportunidades para ser mejor y la queja es el polo opuesto en la parte negativa.

Usa tus decretos y afirmaciones

- "Hoy decido eliminar la queja de mi vida"
- "En donde estoy Yo tengo la capacidad de ser feliz y dar lo mejor de mí"
- "Valoro mi presente y todo lo que existe en él"

Hacer una pausa en tu día

¿Tienes la creencia de que el tiempo se pasa rápido por lo que no te permites tener una pausa para respirar y autoanalizar?

Esto es solo una justificación a la falta de acción o resistencia al cambio, toma el tiempo necesario, antes que todos y todo estas tú.

Ya es tiempo que te valores y te coloques en tus prioridades.

Respiración consciente

La respiración te ayuda a estar en tu presente y a iniciar una transformación, toma 5 min al día para hacer respiraciones de forma consciente, al inhalar por tu nariz infla tu abdomen como un globo, y después exhala por la nariz, sacando todo el aire que entro a tu cuerpo, existen muchos ejercicios de respiración, y éstos te ayudan a cambiar patrones en tu vida, a liberar el estrés, al cambio de hábitos, a sanar enfermedades, etc.

Cambio de hábitos

Para los cambios de hábitos me ayudó mucho la respiración de forma consciente y saber para qué quiero el cambio.

Cuando sientas que una emoción o situación en tu vida te está llevando a querer hacer un mal hábito que estás transformando, solo respira profundo, cierra tus ojos por unos minutos y crea consciencia con las siguientes preguntas

- ¿Me sirve de algo?
- ¿Cambia lo que estoy viviendo?
- ¿Cómo me voy a sentir?
- ¿Voy a regresar al mal hábito que decidí dejar?
- ¿A qué me sabe?
- ¿Estoy haciéndolo por una emoción, un antojo, costumbre?
- ¿De qué forma me estoy autosaboteando?
- ¿Estoy traicionándome?
- ¿Para que decidí hacer este cambio de hábito?

Recuerda que el cambio inicia con una decisión, basada en el amor propio, ten paciencia.

El cambio interno funciona así: tienes un recipiente grande y cada día se ha llenado con capas de lodo, las cuales al no ser limpiadas se han endurecido y acumulando capa tras capa. Al querer limpiar este recipiente decides verter agua limpia con una manguera. Al inicio tu agua no sale completamente purificada, al contrario, comienza poco a poco a blandecer cada capa, haciendo el agua turbia, lodosa, podrías desistir y pensar que estaba mejor antes de que agregaras el agua, sin embargo, con paciencia si sigues vertiendo esta agua limpia pronto removerás las capas de lodo tieso que se han acumulado con los años. Solo es cuestión de paciencia.

Lo mismo pasa con los seres humanos, las heridas, creencias, miedos y patrones, son las capas de lodo que se han endurecido dentro de ti, hoy al hacer esto consciente y comenzar este proceso de sanar y soltar estas comenzando a verter agua limpia dentro de ti. Ten paciencia, lo importante es que ya abriste la llave.

Herramientas externas para transformar tu actitud

Un ejemplo de herramientas externas para el cambio de actitud son la música, las películas, hablar con alguien o hacer algún deporte, usa estas herramientas a tu favor no en contra, la música tiene la capacidad de elevar tu frecuencia y cambiar tu actitud, siempre y cuando no sean canciones de desamor si es que estas en el proceso de una ruptura amorosa, o rock pesado si estás enojado, escucha música que genere una sensación en tu cuerpo de paz, tranquilidad, alegría, todo en la energía de frecuencias altas.

Ve películas que sumen, es decir si estas en alguna ruptura, si ves películas románticas que te abran nuevamente la herida aumentarás el dolor y eso es una autoflagelación.

El deporte procura que sea una actividad que eleve tu frecuencia, evita deportes de contacto o competencia ya que puede detonar en algún tipo de agresión.

Si hablas con alguna persona, evita la queja y repetir lo que te está pasando desde la lamentación o el enojo ya que en este caso estarías buscando aprobación o el enojo por el juicio de un tercero, y atrayendo más de lo mismo.

Nota importante:

Si usas herramientas externas para cambiar tu actitud o frecuencia, recuerda que solo es momentáneo y es importante hacer una auto evaluación y sanar la herida que causó esa reacción más tarde, recordando la sensación y emociones del momento en que sentiste tu herida.

Capítulo 10

Sistema CLICK K: Kilates, el valor de tu ser

Ya estamos en el último paso, solo recuerda que ya tienes el sistema para tener una guía en tu vida, esto es un trabajo de todos los días, en cualquier momento si tu así lo decides puedes regresar al polo opuesto, al lado negativo y dejarte llevar por las emociones externas del mundo, y colocarte

nuevamente la venda que te impide ver el camino.

Seguir trabajando en ti es vital, bajar la guardia creyendo que ya lo sabes todo te puede llevar nuevamente a vivir en emociones bajas, esto es un proceso de continuo aprendizaje, vibrar, crecer, enriquecer tu alma con más información comprobada por Ti mismo, servir a los demás compartiendo información ya que no es teoría son vivencias y experiencias reales comprobadas por ti, compartiendo desde la comprensión y el respeto al proceso de los demás.

El valor que te tienes a ti mism@, saber lo que vales, es un reconocimiento de tu alma, es reconocer que vienes de una luz perfecta, esencia de amor, del todo, tú eres parte del todo, eres una luz perfecta, que solo se ha ensuciado un poco por las creencias, emociones, polos negativos que no te pertenecen, llegaste a esta experiencia llamada vida a aprender de tus polos negativos, todo lo que vives tiene un para que, no existen las coincidencias, ni la buena o mala suerte, es tiempo de despertar.

Valora cada segundo de la vida, la comida que llevas a tu cuerpo, valora tu presente y lo que tienes en él, recuerda que todo tiene la capacidad de transformarse, y repite "lo mejor está por venir", acciona, valora el proceso, valora el tiempo dedicado a ti, valora lo que llega a tu vida para crecer, valora a tu espejo, usa tu mente en el presente y deja que fluyan las cosas mostrándote cómo y cuándo llegarán a tu vida. Solo tú sabes lo que tienes hoy en tu presente y el futuro grandioso que te espera.

Ya fueron muchos los eventos que has vivido con falta de amor y valor personal, a partir de ahora y de forma consciente, decide valorarte y amarte en todos los sentidos, inicia por valorar y disfrutar tu presente, te vas a dar cuenta, de cómo entre más trabajes en ti y más te valores, mayores serán tus beneficios, vas a disfrutar el proceso del camino a lo que quieres ver en tu mundo, cómo te quieres sentir, pase lo que pase en tu mundo presente, tendrás una perspectiva diferente de todo, decide hacer las cosas diferentes.

Si tuvieras un objeto en casa, valuado en millones de dólares, no tendrías una actitud de descuido, de falta de apreciación, o de dejarlo botado en donde sea, al contrario, lo cuidarías, si tú eres ese objeto, con un valor inigualable, solo piensa las veces que te has descuidado, que has permitido pisarte, enjuiciándote, lastimándote, es tiempo de reconocerte, y valorarte. Una forma de valorar sintiendo es DISFRUTAR lo que ya tienes en tu presente.

Realiza una lista dirigida al valor propio con afirmaciones, trabaja diario en ti, se congruente y usa las herramientas para nuevos hábitos que te lleven a vivir lo que afirmas.

-Valoro mi cuerpo, es temporal un estuche que guarda mi esencia, lo valoro, lo amo, por lo que cuido lo que le doy en alimentos.

-Valoro mi cuerpo, requiere de movimiento para tener un buen funcionamiento, por lo que me gusta ejercitarlo diario.

-Valoro las oportunidades que llegan a mi vida

-Valoro mi trabajo

-Valoro a mi jefe que paga por mis servicios

-Valoro mi presente

Valoro las situaciones que llegan para enseñarme un programa en el polo negativo.

Valoro…………………………………………

Valoro…………………………………………

Valoro…………………………………………

Valoro…………………………………………

Valoro…………………………………………

Valoro…………………………………………

Valoro…………………………………………

Valoro…………………………………………

Valoro…………………………………………

Valoro…………………………………………

Valoro…………………………………………

Metáfora

En una conferencia, escuché una metáfora, acerca del valor propio, me gustó mucho la forma en la que se explicó, te la voy a compartir para que cada día hagas mayor conciencia de tu valor propio, de saber que eres únic@.

Imagina un pastel, el más delicioso, increíble, con sabores únicos en el mundo, color, textura, todo es perfecto, y adornando este pastel que ya es perfecto por sí mismo, alguien llega y le coloca chispas, betún y nueces, lo cual lo resalta más, y suma a esta extraordinaria visión.

Ahora quiero que imagines que alguien llega y quita algún adorno del pastel, el pastel por sí mismo sigue siendo delicioso, increíble y perfecto, el que se fuera uno de los adornos no cambia su increíble sabor.

Tú eres el pastel y los adornos son los complementos que llegan a tu vida, cosas materiales, una pareja, tus hijos, un coche, una casa, recursos materiales, etc. Si se va, tú sigues siendo ese increíble pastel, lleno de sabor, color, textura no cambia porque el adorno ya no esté, simplemente se está abriendo espacio para que lleguen más complementos.

Prefiere tener el complemento a tu lado, ya que juntos forman algo espectacular, que es muy diferente a necesitar el complemento.

Los recursos materiales, las personas, los viajes, coches, restaurantes, todo lo externo no crean tu luz interna no los necesitas para brillar, y ser feliz, y con esto no me refiero a que no prefieras tenerlos en tu vida.

Un ejercicio que te va a ayudar, es comenzar a pensar primero en ti y preguntarte a ti mism@ Tu qué quieres, eliminando la culpa y el juicio.

Meditación para hacer consciente tu luz interior

Te voy a compartir una meditación por pasos, de limpieza de tu luz, esta meditación ayuda también a las personas que están con alguna enfermedad, para bajar barreras, recarga de energía divina, recordar de dónde vienes y el valor que eso representa, eres un canal de luz perfecta para compartir la esencia del Todo.

1) Respira profundo, haciendo tu respiración consiente.

2) Si llega algún pensamiento ajeno a tu presente, solo concéntrate nuevamente en tu respiración y no le des cuerda al pensamiento.

3) Vas a pedir como intención recordar la luz perfecta que eres, esta luz perfecta en donde no existe el miedo, las enfermedades, el juicio, el enojo, etc.

4) Pide que se hagan presentes tus seres de luz, tu ángel, tu Yo superior, Dios o el todo, con, lo que resuenes y creas.

5) Visualiza un rayo de luz dorada que entra en tu coronilla, viene de esta luz perfecta del todo de donde tu provienes.

6) Visualiza esa luz entrando en ti como si fuera un scanner, que va iluminando cada célula, cada órgano, va bajando y al ir iluminando con esta luz perfecta va empujando todas las sombras y barreras, dejando una silueta dorada perfecta y llena de energía y luz dorada.

7) Da las gracias, respira profundo y a tu tiempo ve regresando al plano físico, mueve poco a poco tus manos, pies, cabeza, y cuando estés list@ abre los ojos.

Esta meditación la puedes realizar cuantas veces así lo requiera tu alma, con la constancia vas a poder conectar cada día más.

Sigue tu camino con amor

Ha sido un gusto compartir las herramientas contigo, son ejercicios y conceptos que han transformado mi vida, sigo en el camino del aprendizaje, disfrutando cada paso.

Cuando llegaste a este mundo, contabas con una guía que te llevaba de la mano, estaba detrás de Ti, recordándote buenos hábitos según las creencias de la familia a donde llegaste, reglas de sociedad, etc. ¿Recuerdas esa etapa? Levántate, lávate los dientes, termina tu tarea, come verduras y frutas, saluda, se cordial, se agradecido, valora lo que tienes, etc.

Hoy eres mayor, la vida, libros, personas pueden brindarte herramientas incluso acompañamiento de coaching, brindándote los ejercicios comprobados que funcionan, sin embargo, solo Tú puedes hacer la tarea, eso nadie lo puede hacer por ti y el reconocimiento de la acción es para ti.

Te deseo un gran camino de aprendizaje, que disfrutes el proceso, que con todas estas herramientas vibres cada día más en frecuencias altas, todos estamos vibrando en frecuencias altas y bajas, cómo vas a manejar estas frecuencias bajas y que tanto tiempo te vas a quedar ahí, es tu decisión.

Disfruta, vive, ríe, ama tu ser, suelta el juicio, aprende de lo que la vida tiene para ti, valora tu presente, crece, la inversión en tu crecimiento personal es la mejor inversión que puedes hacer en tu camino a la transformación.

Hoy estas un paso adelante para ser tu mejor versión.

Gracias, Gracias, Gracias por ser, por darte este espacio en el tiempo para tu crecimiento, por permitirme aportar luz en tu camino, así como alguien más lo hizo en el mío.

Con cariño

Cris Hernández

Printed by Books on Demand GmbH, Norderstedt / Germany